Forschungsstand

Auch wenn der Erste Weltkrieg hierzulande bei weitem nicht die Aufmerksamkeit genießt wie in Großbritannien oder auch in Frankreich, wo er als „Great War“ bzw. „Grande Guerre“ eine herausragende Stellung in der kollektiven Erinnerung einnimmt, so ist seit den 1980er Jahren doch ein zunehmendes Interesse der deutschen Historikerzunft am Thema zu beobachten. (Vgl. Müller 2003, 23 und Epkenhans 1998) Der Zäsurcharakter des Ersten Weltkrieges als dem „Ende des bürgerlichen Zeitalters“, das mit der Französischen Revolution 1789 begann und 1914 endete, ist heute ebenso unumstritten wie die auf George Kennan zurückgehende Qualifizierung des Ersten Weltkrieges als „Urkatastrophe des 20. Jahrhunderts“. Auf der anderen Seite bleiben aber auch Forschungskontroversen bestehen. Eine wichtige Diskussion rankt etwa um die Frage, inwieweit es sich bei dem Konflikt der Jahre 1914 bis 1918 um den ersten „totalen Krieg“ der neueren Geschichte gehandelt hat.
Dem allgemeinen Trend in den Geschichtswissenschaften folgend, stehen bei der Erforschung des Weltkriegs inzwischen weniger die Militär- und Diplomatiegeschichte als vielmehr die Sozial-, Kultur- und Mentalitätsgeschichte im Vordergrund vieler aktueller Studien. Roger Chickering betont zudem die Bedeutung der Wirtschaftsgeschichte: Er weist überzeugend nach, dass der Krieg nach dem Scheitern der anfänglichen Offensiven nicht auf dem Schlachtfeld, sondern an der Heimatfront gewonnen wurde (vgl. Chickering 2002). Damit steht auch die alte Frage nach der Verantwortlichkeit für den Kriegsausbruch, welche Imanuel Geiss einmal als eines der „kompliziertesten Probleme der modernen Geschichte“ bezeichnet hat, nicht mehr im Zentrum des Forschungsinteresses. Daneben sind deutliche Bemühungen erkennbar, die lange vernachlässigte Geschichte der Staaten Ost- und Südosteuropas im Weltkrieg sowie der globalen Dimension des Weltkriegs einer intensiveren Betrachtung zu unterziehen (vgl. die vom DHI Moskau mitorganisierte Konferenz „Russia in the First World War“, Juni 2014 und Strachan 2003).

Von den Fragen der Forschung zu Leitfragen für den Unterricht

Da in der Sekundarstufe II Kenntnisse über den Zweiten Weltkrieg als „totalen Krieg“ vorausgesetzt werden können, bietet sich in höheren Klassen unter der Leitfrage „Der Erste Weltkrieg – ein totaler Krieg?“ durchaus ein Anknüpfen an aktuelle Entwicklungen der Forschung an. Für die Sekundarstufe I, für die der vorliegende Unterrichtsvorschlag vorrangig entwickelt wurde, erscheint eine weniger komplexe Leitfrage angemessener. Hier könnten allgemeinere und grundsätzlichere Fragen wie „Warum gilt der Erste Weltkrieg als „Urkatastrophe“ des 20. Jahrhunderts?“ oder „Was bedeutet ein vierjähriger Weltkrieg für die Soldaten und ihre Familien?“ im Mittelpunkt stehen.

Didaktische Analyse

Das Gedenken an den hundertsten Jahrestag der Schüsse von Sarajevo eröffnete im Juni 2014 eine ganze Serie von Gedenkveranstaltungen, Ausstellungen, offiziellen Reden, Buchveröffentlichungen und TV-Dokumentationen. Es ist bereits jetzt abzusehen, dass das Thema Erster Weltkrieg in der Geschichtskultur mindestens bis 2019, dem hundertsten Jahrestag der Pariser Vorortverträge, weiterhin breiten Raum einnehmen wird. Die Allgegenwärtigkeit des Ersten Weltkrieges im öffentlichen Raum ist daher das beste Argument, das Thema auch im Geschichtsunterricht zu behandeln. Schließlich lernen Schülerinnen und Schüler nur dann, wenn ihnen ein Thema subjektiv bedeutsam erscheint. Hierzu gehört zugleich, dass der Erste Weltkrieg auch nach hundert Jahren noch eine große Gegenwarts- und Zukunftsbedeutung hat: Mit der Frage nach Krieg und Frieden wirft die Untersuchung des Themas ein *grundsätzliches* Problem menschlichen Zusammenlebens auf.
Besonders bedeutsam erscheint in diesem Zusammenhang schließlich die Dekonstruktion von Mythen der Alltagskultur. Während PC- und Konsolenspiele, populäre Action- und Kriegsfilme gerade unter Heranwachsenden tagtäglich die Vorstellung verbreiten,

dass Krieg ein aufregendes Abenteuer für „harte“ junge Männer ist, zeigt eine vertiefende, möglichst ganzheitliche Auseinandersetzung mit Zeugnissen aus den Jahren 1914-18, was Krieg wirklich bedeutet.

Didaktische Profilierung

Die Alltags-, Sozial- und Mentalitätsgeschichte bietet besonders viele Anknüpfungspunkte an die Lebenswelt der Schülerinnen und Schüler, sie steht daher im Mittelpunkt dieses Heftes. Dementsprechend tritt die Politik- und Diplomatiegeschichte eher in den Hintergrund; auch auf eine detailliertere Darstellung des Kriegsverlaufs wurde bewusst verzichtet. Viel spannender als die Frage, welche Armee wann welche Offensive gestartet hat, ist für die Lernenden, welche Auswirkungen der Graben- und Stellungskrieg, der Einsatz von Giftgas, der ständige Artilleriebeschuss, die alltägliche Todesgefahr, die Sorge um die Familie daheim, der Umgang mit Verletzung und Tod auf die einfachen Soldaten hatte. Während Materialien wie die Briefe eines jungen deutschen Soldaten (M16) oder der Comic des Franzosen Tardi (M21) Empathie für die Situation der Frontsoldaten wecken sollen, beabsichtigen Quellen wie das Poster M28 oder die Tagebucheinträge der Anna Kohns (M24) ein Sich-Einfühlen in die Lage der Ehefrauen, Mütter und Schwestern, die an der so genannten Heimatfront ebenfalls stark unter dem Krieg litten.

Methodik

Die vorgestellten Materialien lassen sich sowohl im klassischen, eher geschlossenen Geschichtsunterricht als auch in offeneren Unterrichtsformen einsetzen. Der traditionelle Unterricht hat den nicht von der Hand zu weisenden Vorteil, dass die Lehrkraft mit ihrem großen fachlichen und pädagogischen Wissen bei auftretenden Schwierigkeiten schnell und effektiv helfen kann; zudem steigt die Wahrscheinlichkeit, dass alle Lernenden bei anstehenden Arbeiten bzw. Klausuren ungefähr über den gleichen Wissensstand verfügen.

Auf der anderen Seite bieten offenere Unterrichtsformen spezifische Chancen. Insbesondere die Projekt- oder Wochenplanarbeit sowie das Stationenlernen erlauben es, den unterschiedlichen Schülerinteressen, Lerntypen und überhaupt der Heterogenität im Klassenraum stärker gerecht zu werden. So können die Schülerinnen und Schüler etwa in einer Projektarbeit „ihren“ Fragen nachgehen und die Ergebnisse anschließend der Lerngruppe in Form eines Kurzvortrags oder Posters, jeweils kombiniert mit einer persönlichen Stellungnahme, vorstellen. Eine etwas weniger offene Arbeitsform bieten Wochenplanarbeit und Stationenlernen, welche neben „Wahlaufgaben“ die Erledigung bestimmter „Pflichtaufgaben“ verbindlich machen. So kann z. B. dem oft zu beobachtendem Phänomen entgegengewirkt werden, dass Mädchen sich vor Kartenarbeit (M22) drücken und Jungs einen großen Bogen um angebliche „Frauenthemen“ (M24) machen. Aufgaben mit unterschiedlichen Anspruchniveaus ermöglichen es hierbei zudem, die Lernenden individuell zu fördern.

Zu den Materialien

Ziel des Geschichtsunterrichts ist das historische Denken, wobei wiederum der historischen Frage eine ganz elementare Rolle zufällt. Das Einstiegsmaterial M1 bietet eine Zusammenstellung von Fakten und Aussagen zum Ersten Weltkrieg, die bei den Schülerinnen und Schülern Nachdenken und Interesse und schließlich ebendiese Fragen provozieren sollen. Die Reaktionen der Lernenden sollten dabei festgehalten werden, um im Laufe der Unterrichtseinheit immer wieder hierauf zurückzukommen und den Schülern zu zeigen, dass es um die Beantwortung „ihrer“ Fragen an die Geschichte geht.

Fragen an die Geschichte treten auch dann zutage, wenn ein Darstellungstext oder eine Quelle bestimmte Sachverhalte bewusst offen lässt. Beispielhaft hierfür stehen die „Lückentexte“ M2 und M11, welche die Lernenden dezidiert zum Vermuten und Nachdenken auffordern. Wie die Erfahrung zeigt, schätzt die überwältigende Mehrheit der Lernenden die Autorschaft von M2 zunächst falsch ein.

Dies ist nicht schlimm, im Gegenteil, so erst entstehen Lernprozesse.
Pandel hat zahlreiche praktische Vorschläge gemacht, wie die alltägliche Textarbeit im Fach Geschichte interessant und abwechslungsreich gestaltet werden kann. Ein Beispiel für die kreative Erarbeitung von Wissen findet sich in M10 und M24. Anstatt sich die Zeittafeln einfach oberflächlich „durchzulesen", sollen die Lernenden hier die einzelnen Ereignisse ausschneiden und diese - eventuell mit weiteren Einhilfen - in eine logische Reihenfolge bringen. Wichtiger als das genaue Datum eines Ereignisses auswendig zu können, ist dabei die Fähigkeit zu erklären, wie die Ereignisse jeweils zusammenhängen. Dies fördert die narrative Kompetenz der Lernenden, eine zentrale Fähigkeit, deren Ausbildung auch in zahlreichen anderen Aufgaben im Vordergrund steht.
So oft es ging, wurde bei der Auswahl der Materialien dem Prinzip der Multiperspektivität Rechnung getragen, auch um eine germanozentrische Sichtweise auf den Krieg zu vermeiden. Beispielhaft hierfür stehen einerseits die Materialien M12-14, welche deutsche, französische und englische Reaktionen auf den Kriegsausbruch einander gegenüberstellen, sowie andererseits der Historikertext M15, welcher das „Augusterlebnis" als Mythos entlarvt. Auch wenn bei der Quellenauswahl Wert auf die Inklusion vieler unterschiedlicher Gattungen gelegt wurde (Reden, Feldpostbriefe, Tagebucheinträge, zeitgenössische Schulbuchtexte): „Bleiwüsten" sind für die Schüler wenig attraktiv und schlagen sich in einer verringerten Motivation nieder. Der vorliegende Unterrichtsvorschlag bietet daher neben den unvermeidlichen Texten auch zahlreiche andere Quellenarten, die historisches Lernen genauso gut ermöglichen. Hierzu zählen bei den Quellen Karikaturen, Plakate, und Statistiken; hinzu kommen Karten, Schaubilder sowie ein Comicauszug als Alternative zur klassischen Form der Darstellung.
Die Untersuchung der Situation von Kindern und Jugendlichen im Krieg (M34-36) ermöglicht einerseits Alteritätserfahrungen, etwa, wenn Gleichaltrige Altwaren und Wildfrüchte sammeln anstatt zur Schule zu gehen. Authentische, aufwühlende Berichte über die Folgen des Hungers, welche keinen noch so hart gesottenen Schüler kalt lassen, wecken darüber hinaus Empathie und bieten somit alle Chancen (und Risiken), die mit einer Emotionalisierung verbunden sind.
Multikulturelle Klassen sind heute vielfach die Realität, wobei Jugendliche mit türkischen Wurzeln auch weiterhin die größte Gruppe der Schüler mit Migrationshintergrund darstellen. Dieser Tatsache wurde dahingehend Rechnung getragen, dass der Unterrichtsvorschlag im Unterschied zu vielen Schulbüchern auch die Rolle des Osmanischen Reiches als Verbündetem des Kaiserreiches zumindest ansatzweise thematisiert (M40-43). In diesem Zusammenhang kommt dem Genozid an den Armeniern eine besondere Rolle zu - weitere Themen könnten von interessierten Schülern anhand von Zusatzmaterialien erschlossen und dem Plenum präsentiert werden. Ein Auszug aus dem so genannten Kriegsschuldartikel 231 des Versailler Vertrags (M46) sowie eine Bewertung des Kriegsschuldfrage aus der Sicht des Historikers Neitzel (M47) ermöglichen schließlich einen Übergang zu den Themen Weimarer Republik und Nationalsozialismus.

M1 Noch Fragen? Fakten zum Ersten Weltkrieg

- Als der Erste Weltkrieg 1914 ausbrach, wurde dies von zahlreichen Menschen in Europa begrüßt. Einige nahmen die Nachricht vom Beginn des Krieges sogar mit Begeisterung auf.
- Anstatt in der Schule zu lernen, mussten Schulkinder während des Krieges tausende Tonnen Brennnesseln, Obstkerne und Kastanien sammeln.
- Der Erste Weltkrieg forderte mehr Opfer als jeder andere Krieg zuvor: rund zehn Millionen.
- Der Weltkrieg endete erst nach mehr als vier Jahren. Zuvor waren mehrere Friedensangebote gescheitert.
- Zwischen 1914 und 1918 verhungerten in den Krieg führenden Staaten mehr als eine Million Männer, Frauen und Kinder.
- Angesichts des Einsatzes zahlreicher mörderischer neuer Waffen sowie der rücksichtslosen Mobilisierung aller verfügbaren Kräfte sprechen Forscher vom Ersten Weltkrieg auch vom ersten „totalen Krieg" und vom ersten „industrialisierten Krieg".
- Während der vier Kriegswinter war es für viele Kinder ganz normal, auch im Haus mit Mütze und Jacke herumzulaufen.
- Bei Schuluntersuchungen im Jahr 1917 wiesen 11 % der Kinder Herzfehler auf. Vor dem Krieg litten nur ca. 5 % der Kinder an Herzfehlern.
- Wichtige türkische Armeeeinheiten wurden im Krieg von deutschen Generälen befehligt.
- Zahlreiche Konflikte zwischen den Großmächten machten einen „Großen Krieg" seit etwa 1900 immer wahrscheinlicher.
- Bereits bei Kriegsbeginn waren Deutschland und Österreich-Ungarn ihren Gegnern – rein rechnerisch gesehen – wirtschaftlich und militärisch klar unterlegen.
- Mit dem Kriegseintritt der USA auf Seiten der Alliierten im April 1917 war der Krieg für die Mittelmächte praktisch verloren.
- Der Krieg im Westen war über fast vier Jahre hauptsächlich ein Stellungskrieg, in welchem keine Konfliktpartei größere Gebietsgewinne erzielte.
- Das „Sterben für das Vaterland" wurde von den Regierungen aller Krieg führender Staaten als Heldentat dargestellt.
- Seit Beginn des Krieges versuchten die Regierungen der Krieg führenden Staaten, den Gegner mithilfe von Propagandapostern, Postkarten, Broschüren und ähnlichem zu verteufeln.
- Beendet wurde der Krieg mit den Versailler Friedensverträgen. Diese legten u. a. fest, dass Deutschland zahlreiche Gebiete, darunter viele wirtschaftlich bedeutende Regionen, abtreten musste.
- Artikel 231 des Versailler Friedensvertrages lautete: „[...] Deutschland erkennt an, daß Deutschland und seine Verbündeten als Urheber für alle Verluste und Schäden verantwortlich sind, die die [A]lliierten [...] infolge des ihnen durch den Angriff Deutschlands und seiner Verbündeten aufgezwungenen Krieges erlitten haben."
- Als Reaktion auf den harten Frieden setzten sich rechtsextreme deutsche Parteien seit 1919 zum Ziel, den Versailler Vertrag mit allen Mitteln zu bekämpfen. Eine dieser Parteien war die NSDAP.

1. Markiere fünf Aussagen, die du besonders interessant findest. Erstelle anschließend ein Ranking (1.: die interessanteste Aussage, 2. ...)
2. Formuliere zu mindestens zwei Aussagen Fragen, die deiner Ansicht nach im Unterricht behandelt werden sollten.

Die imperialistische Expansion als Vorgeschichte des Ersten Weltkrieges

M2 Rassismus, Weltmachtstreben und Mission

Der Brite Cecil Rhodes zum „Sendungsauftrag der britischen Rasse" (1877):

Ich behaupte, dass wir die erste Rasse in der Welt sind und dass es um so besser für die menschliche Rasse ist, je mehr von der Welt wir bewohnen. Ich behaupte, dass jeder Acker, der unserem Gebiet hinzugefügt wird, die Geburt von mehr Angehörigen der ____________ Rasse bedeutet, die sonst nicht ins Dasein gerufen worden wären. Darüber hinaus bedeutet es einfach das Ende aller Kriege, wenn der größere Teil der Welt in unserer Herrschaft aufgeht.
[...] Die Förderung des ____________ Weltreiches, um die ganze zivilisierte Welt unter ____________ Herrschaft zu bringen [...]. Was für ein Traum! Aber dennoch ist er wahrscheinlich. Er ist möglich.
Da [Gott] offenkundig die ____________ sprechende Rasse zu seinem ausgewählten Werkzeug formt, durch welches er einen Zustand der Gesellschaft hervorbringen will, der auf Gerechtigkeit, Freiheit und Frieden gegründet ist, muss er offensichtlich wünschen, dass ich tue, was ich kann, um jener Rasse so viel Spielraum und Macht wie möglich zu geben. Daher, wenn es einen Gott gibt, denke ich, dass das, was er gern von mir getan haben möchte, ist, so viel von der Karte von Afrika ____________rot zu malen als möglich und anderswo zu tun, was ich kann, um die Einheit zu fördern und den Einfluss der ____________ sprechenden Rasse auszudehnen."

(Aus: W. T. Stead (Hrsg.): The Last Will and Testament of Cecil John Rhodes, 1902, S. 58 f., 98.)

1. Die Quelle weist mehrere Lücken auf. Überlege während des Lesens, mit welchen Wörtern man diese füllen könnte.

M3 Aus der Reichstagsrede des Staatssekretärs und späteren Reichskanzlers von Bülow vom 11. Dezember 1899

Wir wollen keiner fremden Macht zu nahe treten, wir wollen uns aber auch von keiner fremden Macht auf die Füße treten lassen *(Bravo!)* und wir wollen uns von keiner fremden Macht beiseite schieben lassen, weder in politischer noch in wirtschaftlicher Beziehung. *(Lebhafter Beifall.)* Untätig beiseite stehen, wie wir das früher oft getan haben, [...] träumend beiseite stehen, während andere Leute sich den Kuchen teilen, das können wir nicht und wollen wir nicht. (Beifall.) Wir können das nicht aus dem einfachen Grunde, weil wir jetzt Interessen haben in allen Weltteilen [...]. Wir werden uns aber nur dann auf der Höhe erhalten, wenn wir einsehen, dass es für uns ohne Macht, ohne ein starkes Heer und eine starke Flotte keine Wohlfahrt gibt. (Sehr richtig! rechts. Widerspruch links.) Das Mittel, meine Herren, in dieser Welt den Kampf ums Dasein durchzufechten ohne starke Rüstung zu Land und zu Wasser, ist für ein Volk von bald sechzig Millionen, das die Mitte von Europa bewohnt und gleichzeitig seine wirtschaftlichen Fühlhörner ausstreckt nach allen Seiten, noch nicht gefunden worden. (Sehr wahr! rechts.) In dem kommenden Jahrhundert wird das deutsche Volk Hammer oder Amboss sein [...].

(http://germanhistorydocs.ghi-dc.org/sub_document.cfm?document_id=779&language=german)

1. Fasse die Aussagen der Quelle M2 in eigenen Worten zusammen und bewerte sie.
2. Stelle begründete Vermutungen an, welcher Nationalität der Autor angehört haben könnte.
3. Umkreise die zwei deiner Ansicht nach wichtigsten Aussagen in M3 und erkläre, warum du gerade diese Worte bzw. diesen Satz für besonders wichtig hältst.
4. Diskutiere, welchen Eindruck die Quellen M2 und M3 von der Lage Europas und der Welt am Ende des 19. Jahrhunderts vermitteln.

Die zentralen Triebkräfte des Imperialismus

M4 Sozialdarwinismus

Um ihre Eroberungs- und Kolonialisierungspläne zu rechtfertigen, beriefen sich Imperialisten unter anderem auf die Evolutionslehre des britischen Naturforschers Charles Darwin:

Demnach war die Menschheitsgeschichte vom Kampf ums Überleben geprägt, vom Aufstieg und Fall der Völker, die ähnlich wie Individuen die Phasen von Geburt, Jugend, Mannesalter, Greisenzeit und Tod erleben. Im ständigen Kampf mit Nebenbuhlern und Konkurrenten setze sich der Stärkere durch und verdränge den Schwächeren. Eine friedliche Koexistenz – wie sie von Pazifisten wie Bertha von Suttner oder Alfred H. Fried postuliert wurde – könne und werde es demnach nicht geben. Bereits ein Stillstand, sei er machtpolitischer, ökonomischer oder demographischer Natur, würde dem beginnenden Untergang gleichkommen. Der Starke werde wachsen, der Schwache stillstehen und verfallen.

M5 Rassismus

Eng verbunden mit dem Sozialdarwinismus war der Glaube an die Ungleichheit der Rassen. Demnach war der Wert einer Rasse für die Zukunft eines Landes von erheblicher Bedeutung. In jeder Großmacht gab es die Tendenz, den Wert der Rasse, zu der sich die Bevölkerung zugehörig fühlte, über denjenigen anderer Rassen zu stellen: In Deutschland glaubte man, dass die Germanen die edelste Rasse auf der Erde seien und ihnen demnach ein besonderer Platz in der Reihe der Großmächte gebühre. Größter Konkurrent waren die „Slawen“, die zwar nicht als kulturell minderwertig galten, jedoch aufgrund ihrer enormen Bevölkerungszahl die „Germanen“ zu bedrohen schienen.

M6 Prestigedenken

Das Ansehen des Landes in den Augen der anderen hatte eine enorme Bedeutung für das Selbstverständnis der eigenen Nation. Welchen Status besaß man? Konnte man sich zu den führenden Weltmächten zählen, oder war man doch nur Großmacht oder eigentlich nur eine Mittelmacht? Diese Frage der Anerkennung kann in ihrer Bedeutung für die internationalen Beziehungen jener Zeit nicht hoch genug eingeschätzt werden. Streitereien um zweitranginge Fragen konnten das Verhältnis zweier Staaten erheblich trüben, bzw. an den Rand eines Krieges führen.

(M4-6: Sönke Neitzel, Kriegsausbruch. Deutschlands Weg in die Katastrophe, Zürich 2002, S. 18 ff.)

M7 Wirtschaftskonkurrenz

Wirtschaftliche Aspekte spielten bei der Errichtung von Kolonialreichen ebenfalls eine wichtige Rolle. So sahen die fortgeschrittenen europäischen Industriestaaten in den weiten Gebieten Afrikas, Asiens und Ozeaniens zum einen mögliche Absatzmärkte für ihre Waren: Hier lebten Millionen Menschen, denen man europäische Industrieprodukte verkaufen konnte. Zum anderen sollten die unterentwickelten Länder billige Rohstoffe liefern. Um die überseeischen Gebiete möglichst wirksam ausbeuten zu können, errichteten seit Ende des 19. Jahrhunderts alle großen europäischen Mächte Kolonialreiche.

(Ulrich Schnakenberg)

M8 Sozialimperialismus

Zuletzt ist die innenpolitische Lage als Antriebskraft des Imperialismus zu nennen. Die europäischen Großmächte hatten trotz enormer struktureller und ökonomischer Unterschiede ein vergleichbares Problem: Die Unterschichten verharrten in materieller Armut und politischer Benachteiligung. Ihr immer lauter werdender Ruf nach umfassender Verbesserung ihrer Lage stellte für die herrschenden Eliten überall eine potentielle Bedrohung dar. Insbesondere die stetig zunehmende Arbeiterschaft der Industrieländer und die wachsenden politischen Erfolge der Sozialisten verunsicherten die alten Führungsschichten. Das imperialistische Ausgreifen nach Übersee wurde daher oftmals als willkommenes Instrument gesehen, die in sich gespaltene Gesellschaft wieder zu einigen.

(Sönke Neitzel, Kriegsausbruch. Deutschlands Weg in die Katastrophe, Zürich 2002, S. 24.)

1. Notiere zu jedem Aspekt zwei bis drei Schlüsselbegriffe.
2. Fertige mithilfe der Schlüsselbegriffe ein Schaubild mit dem Titel „Triebkräfte des Imperialismus“ an.

Ausbruch des Ersten Weltkrieges

M9 A ‚Threatening' Situation (Eine bedrohliche Situation) – Eine amerikanische Karikatur

(Eagle (New York, USA), 1914)

M10 Zeittafel

Am 28. Juni 1914 ermordeten serbische Nationalisten den österreichischen Thronfolger in Sarajevo. Dieses Ereignis gilt heute als der eigentliche Auslöser des Ersten Weltkrieges.

4. August	Der deutsche Angriff auf Frankreich beginnt mit dem Einmarsch der kaiserlichen Armee in Belgien.
28. Juli	Österreich-Ungarn erklärt Serbien den Krieg, nachdem es sich zuvor mit dem Deutschen Reich abgestimmt hat.
30. Juli	Generalmobilmachung der russischen Armee. Dies wird von Deutschland als Kriegserklärung aufgefasst.
25. Juli	Serbien lehnt das Ultimatum ab. Mobilmachung der serbischen Armee. Der russische Kronrat beschließt die Unterstützung Serbiens.
1. August	Deutschland erklärt Russland den Krieg. Generalmobilmachung Deutschlands und Frankreichs.
23. Juli	Österreich-Ungarn stellt Serbien ein auf 48 Stunden befristetes Ultimatum.
4. August	Großbritannien bricht seine Beziehungen zu Deutschland ab. Damit befinden sich Großbritannien und das Deutsche Reich im Kriegszustand.
3. August	Deutschland erklärt Frankreich den Krieg. Die britische Armee macht mobil. Britisches Ultimatum an Deutschland.

1. Lies dir die Ereignisse genau durch. Schneide sie anschließend aus und bringe sie in die richtige Ordnung.
2. Beschreibe und interpretiere die Karikatur M9.
3. Diskutiert, warum sich der Zeichner für die Überschrift „Eine bedrohliche Situation" entschieden hat.
4. Überlege dir eine eigene Überschrift für die Karikatur.
5. Erstelle aus den oben genannten Ereignissen ein Flussdiagramm mit der Überschrift „Die Juli-Krise: Der Ausbruch des Ersten Weltkrieges".

M11 Die Ausgangslage: Am Weltkrieg beteiligte Mächte

____

Dieses Land hatte nach dem Krieg von 1870/71 Elsass-Lothringen an das Deutsche Reich abtreten müssen. Diesen Verlust hatten die __________ nie verschmerzt. __________ Nationalisten drängten seit dieser Zeit auf Revanche, also auf eine gewaltsame Rückeroberung der verlorenen Gebiete.

____

__________ war seit 1879 im „Zweibund" mit dem Deutschen Reich verbündet. Das Land galt als schwächste der fünf europäischen Großmächte. Hierzu trug neben seiner wirtschaftlichen Rückständigkeit vor allem die Tatsache bei, dass sich __________ aus verschiedenen und miteinander zerstrittenen Völkern zusammensetzte. So wollten zahlreiche Bewohner den Vielvölkerstaat am liebsten verlassen und ihren eigenen Staat gründen.

____

Dieses Land galt bis zur Jahrhundertwende als der mächtigste Staat der Welt. Seine starke Seemacht beherrschte die Weltmeere und sicherte zugleich die Kolonien in Afrika und Indien. Seit etwa 1900 vergiftete der Streit um die deutsche Flottenrüstung zunehmend die Atmosphäre zwischen __________ und dem Kaiserreich. Nachdem sich __________ 1904 mit Frankreich über die Aufteilung Afrikas verständigt hatte, folgte 1907 die „Entente" mit Russland.

____

So wie Österreich-Ungarn und Deutschland herrschte auch über __________ ein Kaiser (sein Titel leitete sich von den römischen Cäsaren ab). __________ war seit 1892 eng mit Frankreich verbündet. Weil __________ auf dem Balkan die slawischen Völker, insbesondere Serbien, unterstützte, kam es immer wieder zu Konflikten mit Österreich-Ungarn.

____

Dieser Staat war seit seiner Gründung 1871 immer mächtiger geworden. Zusammen mit den USA galt das Land um das Jahr 1900 herum als die weltgrößte Industriemacht. Damit hatte __________ die alte Weltmacht Großbritannien überholt. Nun trachtete das Land danach, seine wirtschaftliche Stärke auch auf den außenpolitischen Bereich auszudehnen. Führende Politiker forderten für __________ einen „Platz an der Sonne": Ihr Land sollte bei der kolonialen Aufteilung der Welt eine größere Rolle spielen.

____

Dieses kleine Land im Südosten Europas hatte 1878 die Unabhängigkeit vom Osmanischen Reich (heute: Türkei) erlangt. __________ strebte nun die Errichtung eines Großreiches an, welches alle slawischen Völker auf der Balkanhalbinsel umfassen sollte.

____

Das __________ befand sich bei Kriegsbeginn seit über hundert Jahren im stetigen Niedergang. Zu seinen einstigen Besitztümern hatten Griechenland, Bosnien, Rumänien, Serbien, Bulgarien, Albanien, Ägypten und Libyen gehört, doch alle diese Gebiete gingen bis zum Jahr 1914 verloren. Um seine alte Stärke wieder zu erlangen, arbeitete das __________ eng mit dem Deutschen Kaiserreich zusammen und trat im November 1914 auf Seiten der Mittelmächte in den Krieg ein.

1. Lies dir die einzelnen Länderkärtchen aufmerksam durch. Überlege dann gemeinsam mit deinem Partner, um welchen Staat es sich jeweils handeln könnte.
2. Vergleiche deine Ergebnisse mit anderen Mitschülern.
3. Stelle in einem Schaubild die kurzfristigen Ursachen für den Ausbruch des Ersten Weltkrieges sowie die am Krieg beteiligten Staaten bzw. Bündnisse dar.

(Lösung von oben nach unten: Frankreich, Österreich-Ungarn, England, Russland, Deutsches Reich, Serbien, Osmanisches Reich)

Kriegsausbruch: Anlass zum Jubel?

M12 Deutschland

(Foto: unbekannt)

M13 Frankreich

Ein in Paris lebender Engländer berichtete über die ersten Augusttage:

Als der Krieg ausbrach, drehten die Menschen völlig durch. Ich erinnere mich, wie tausende Männer und Frauen den Haussmann-Boulevard vom Opernhaus bis zum Place de la République entlang marschierten und dabei „Nach Berlin, nach Berlin" schrien. Das ging die ganze Nacht so weiter.

(H. W. Houghton in: Lyn Macdonald, 1914-1918, Voices & Images of the Great War, London 1988, S. 7. Übersetzt von Ulrich Schnakenberg)

M14 England

Ein junger Pastor in einer Predigt an einem britischen Internat für Jungen:

Der Krieg ist ausgebrochen und die britischen Männer sind zu tausenden dem Ruf an die Front gefolgt. Andere müssen [aus Altersgründen] noch zu Hause bleiben. Unter diesen befinden sich gegenwärtig auch ihr – und ich. Wir denken mit Stolz an all die älteren von euch, die bereits in die Schlacht gezogen sind, und wir sind zuversichtlich, dass sie ihrem Land und ihrer Schule Ehre bereiten werden. Unser einziger Wunsch ist es, ihnen jetzt zur Seite zu stehen.

(Victor Tanner in: Malcolm Brown, The Imperial War Museum Book of The First World War, London 1993, S. 20. Übersetzt von Ulrich Schnakenberg)

M15 Das Augusterlebnis hat es so nicht gegeben

Der Historiker Sönke Neitzel zu den Jubelfeiern im August 1914:

Das Augusterlebnis 1914 wird in der älteren Literatur noch als spontane Jubelfeier des deutschen Volkes beschrieben, das die Nachricht vom Kriegsausbruch begeistert aufnahm, die eigenen Truppen in einem rauschhaften Fest verabschiedete und in Erwartung des Sieges zu einer nie gekannten Einheit verschmolz. Neuere Untersuchungen haben indes zu einer Neubewertung des zum Mythos gewordenen „Geistes von 1914" geführt. Natürlich gab es eine große Begeisterung – dies zu leugnen wäre angesichts der enormen Mengen an einschlägigen Zeugnissen unterschiedlichster Provenienz nicht zu vertreten. Sie hat aber nicht das gesamte Volk in gleichem Maße erfasst. [...] Die patriotische Begeisterung konzentrierte sich vor allem in den großen Städten. In ländlichen Gebieten, Kleinstädten und den Grenzregionen wie dem Elsass oder Ostpreußen war sie kaum zu beobachten. Hier dominierte eher die Sorge vor den bevorstehenden Ereignissen. [...] Die Arbeiterschaft – das darf in diesem Zusammenhang nicht vergessen werden – beteiligte sich an dem frühen Begeisterungstaumel nicht. Im Gegenteil, die SPD organisierte im ganzen Land Antikriegsdemonstrationen, in Groß-Berlin nahmen am 28. Juli trotz eines offiziellen Verbotes rund 100 000 Menschen teil.

(Sönke Neitzel, Blut und Eisen. Deutschland und der Erste Weltkrieg, Zürich 2003, S. 36f.)

1. Beschreibe und vergleiche die Quellen M12-M14.
2. Finde eine Überschrift für M15.
3. Diskutiere die Aussage der Quellen M12-14 im Lichte des Darstellungstextes des Historikers Neitzel (M15).

Die Realität des Krieges

M16 **Von der Euphorie zur grausamen Wirklichkeit**

Auszüge aus Briefen des 24-jährigen Walter Limmer an seine Familie. Walter Limmer verstarb am 24. September 1914 an den Folgen seiner Verwundung.

Leipzig (leider immer noch!), 3. August 1914: Hurra! endlich habe ich meine Beorderung: morgen vormittag 11Uhr in einem hiesigen Lokal. Stunde um Stunde habe ich auf meinen Befehl gewartet. Heute vormittag traf ich eine junge bekannte Dame: ich schämte mich fast, mich in Zivilkleidern vor ihr sehen zu lassen.

Leipzig, 7. August 1914: Ich bin doch froh, daß wir noch einige Tage hiergeblieben sind. So habe ich Zeit gewonnen, meine Gedanken zu ordnen [...]. Ich habe mir meine Situation so zurechtgelegt, als müßte ich schon jetzt mit dieser Welt abschließen, als käme ich bestimmt nicht wieder heim. Und das gibt mir Ruhe und Sicherheit.

Südlich von Chäions, 9. September 1914: Immer noch wütet diese fürchterliche Schlacht, nun schon den vierten Tag! Bis jetzt bestand sie, wie fast jedes Gefecht in diesem Krieg, beinahe nur in furchtbaren Artilleriekämpfen. – Diesen Brief schreibe ich in einem grabartigen, etwa 40 cm tiefen, selbstgeschaufelten Lager der Schützenlinie. Die Granaten schlugen heute vor und hinter uns so häufig ein, daß man es als ein Geschenk Gottes betrachten muß, wenn man heil davonkam.

Attigny, 20. September 1914: Meine lieben, guten Eltern, teure Geschwister! Ja, ich kann es selbst noch nicht recht fassen, aber es ist wahr, ich bin (verwundet) auf dem Wege zu Euch und zur Heimat. Oh, was ich glücklich bin, wieder eine lichtere Welt zu sehen als diese Welt des Schreckens! Endlich bin ich von dem dumpfen Gedanken erlöst, der mich stets umgarnte, daß ich Euch und Eure Welt nie wiedersehen würde.

(Aus: Philipp Witkop, Kriegsbriefe gefallener Studenten, München 1928, S. 7 ff.)

M17 **Schwer verletzt: Zwischen Leben und Tod**

Der britische Soldat Harold Clegg schrieb über seine Verwundung an der Westfront im Zuge des deutschen Angriffs vom 28. Juli 1917. Clegg lag noch bis Mai 1919 in verschiedenen Krankenhäusern.

Nachdem ich wieder zu mir kam, fand ich mich im 47. Hospital bei Le Tréport wieder. Es war der 2. August. Ich wurde gebadet: es war das erste warme Bad seit Mai. Seit 15 oder 16 Tagen hatte ich meine Schuhe nicht ausgezogen. Überall auf meinem Körper hatte sich Ungeziefer eingenistet. Muss für die Krankenpflegerinnen nicht gerade schön gewesen sein.

Mein Körper wies folgende Krankheitssymptome auf: Blindheit, Taubheit, Stimmenversagen, Schluckunfähigkeit, allgemeine Schwäche, hohes Fieber, Verbrennungen, schwerer Husten, Atemschwierigkeiten.

Die ersten Tage verbrachte ich mit Schlafen und Husten. Das Zelt war voll mit Gasopfern, und ständig kamen und gingen Pfleger mit Bahren – einige davon ins Leichenschauhaus.

(Aus: Malcolm Brown, The Imperial War Museum Book of The First World War, London 1993, S. 79. Übersetzt von Ulrich Schnakenberg)

M18 Das Grauen des Krieges

Als Symbol für das Grauen und die Sinnlosigkeit des Krieges gilt heute die Schlacht um Verdun im Jahr 1916. In dem mehrmonatigen Kampf starben rund 160.000 Franzosen und fast ebenso viele Deutsche.

Unter den Zahlen, die das Grauen von Verdun ermessen, ist die folgende vielleicht am enthüllendsten: von den 379 000 französischen Toten wurden über 100.000 als vermisst eingestuft. Ein paar dieser Männer entkamen vielleicht, aber die meisten wurden im Schlamm begraben oder einfach vom Artilleriefeuer zerfetzt, und ihre Leichen blieben ungeborgen oder unidentifizierbar. Im ganzen Krieg konnten etwa 300.000 der 1,3 Millionen französischen Gefallenen nicht identifiziert werden. Diese Zahlen verweisen auf den Charakter des Kampfes in einem Krieg, in dem die Mehrheit der Opfer, vielleicht 70 Prozent, durch Artilleriebeschuss starb, weniger als 1 Prozent durch Bajonette oder Säbel, die übrigen durch Kugeln. Das Töten war meist gesichtslos; die Soldaten sahen weder, wen sie töteten, noch wer sie tötete.

(James J. Sheehan, Kontinent der Gewalt. Europas langer Weg zum Frieden, München 2008, S. 104.)

1. Errechne, wie viele Tage Limmer von dem über 1500 Tage dauernden Weltkrieg erlebt hat und wie viele Tage Clegg auf seine volle Genesung warten musste.
2. Gib den Quellen M16 und M17 eine passende Überschrift.
3. Verfasse auf Grundlage der Materialien M16-18 für eine Internetseite einen Artikel mit der Überschrift „Der Krieg im Westen: Von der Euphorie zur Ernüchterung“.

Verwundet

M19 Im Feldlazarett – ironische Zeichnung

(Aus: Christophe Didier (Hrsg.), 1914-1918. In Papiergewittern. Die Kriegssammlungen der Bibliotheken, Strasbourg, 2008, S. 169.)

M20 Mit den Soldaten flirten?

Eine Krankenschwester, die sich freiwillig zum Dienst in einem Feldlazarett hinter der Front gemeldet hatte: Wie alle anderen jungen Mädchen hatte ich mir die Verwundetenpflege romantisch vorgestellt: Limonade reichen, Kissen richten, kühle Hände auf Fieberstirnen legen, Vorlesen, mit den Genesenden spazieren gehen – und flirten [...]. Der Übergang in die Wirklichkeit war jäh: Sie bedeutete Schweiß- und Uringeruch, bedeutete das hilflose Wimmern von Männern, die als Helden ausgezogen waren und jetzt nach ihrer Mutter, ihrer Frau riefen.

(Aus: Volker Ullrich, Die nervöse Großmacht, Frankfurt/M. [2]1999, S. 473.)

1. Beschreibe die Zeichnung.
2. Überlege, wie die Zustände in einem typischen Feldlazarett ausgesehen haben könnten.
3. Vergleiche deine Vermutungen mit M20.

Grabenkrieg

M21 „Elender Krieg“ von Tardi

Der französische Autor und Zeichner Tardi hat die Schrecken des Stellungs- und Erschöpfungskrieges an der Westfront in einem Comic dargestellt.

(Jacques Tardi, Elender Krieg, Band 1, Zürich 2009, S. 22.)

1. Lies dir den Ausschnitt aus Tardis Comic „Elender Krieg“ durch.
2. Diskutiert Tardis Darstellung des Grabenkriegs.
3. Fülle das offene Feld aus und vergleiche anschließend mit dem Originaltext.

Kriegsverlauf und Kriegseintritt der USA

M22 Der Erste Weltkrieg in Europa

Diese englische Karte bietet auf einen Blick zahlreiche Informationen zum Verlauf des Ersten Weltkrieges. Im April 1917 traten die USA auf Seiten der Alliierten in den Krieg ein. Etwa ein Jahr später landeten die ersten amerikanischen Truppen in Europa.

(Mark Kishlansky, The Unfinished Legaczy, New York 1993, S. 755)

1. Werte die Karte aus und ergänze die Tabelle:
   Mittelmächte: Deutsches Reich,
   Alliierte (Entente):
   Neutrale:
   Große Schlachten: Schlacht an den Masurischen Seen,
   Staaten, die heute auf dem Gebiet des Osmanischen Reiches liegen:
   Staaten, die heute auf dem Gebiet Österreich-Ungarns liegen: Österreich,
2. Finde mithilfe des Internets (z. B. http://www.dhm.de/lemo/html/wk1) heraus, wofür die Namen „Lusitania“, „Brest-Litowsk“, „Gallipoli“ und „Jutland/Skagerrak“ stehen. Mache dir hierzu jeweils knappe Notizen.
3. Beurteile den Nutzen der Karte.

M23 Wirtschaftskraft der Mächteblöcke im Jahr 1913

	Frankreich, Russland, England	USA	Entente + USA	Deutsches Reich, Österreich-Ungarn
Industrieproduktion (Weltmarktanteil in %)	27,9	23,8	51,7	19,2
Energieverbrauch (in Mio. Tonnen)	311,8	487	798,9	236,4
Stahlproduktion (in Mio. Tonnen)	17,1	27	44,1	20,2

(Nach: Paul Kennedy, Fall and Rise of the Great Powers, London 1988, S. 333, 350.)

1. Amerika trat im April 1917 auf Seiten der Entente in den Krieg ein. Berechne die Werte für die um die USA verstärkte Entente und trage die Zahlen in die Leerspalte ein.
2. Diskutiere Bedeutung und mögliche Folgen der vorliegenden Statistik.

Wie lebten die Menschen in der Heimat?

M24 Aus dem Tagebuch Anna Kohns

Bei der folgenden Quelle handelt es sich um Auszüge aus dem Tagebuch Anna Kohns aus Bonn.

10. Februar 1917
Jetzt haben wir seit vier Wochen bitterste Kälte [...] sämtliche Schulen sind für zwei Wochen geschlossen, weil nicht geheizt werden kann [...]. Wir bekommen jetzt drei Pfd. Kartoffeln, die Woche, ein Brot, 30 g Butter und am Samstag haben wir 75 g frisches Fleisch. Eier haben wir in zwei Monaten keine mehr bekommen [...]. Wir essen jetzt Steckrüben [...] und sind zufrieden, dass etwas da ist, womit der Hunger gestillt werden kann.

11. November 1918
Am 11.11. um 11 Uhr ist der Waffenstillstand unterzeichnet. Gott sei Dank. Besser ein Ende mit Schrecken wie Schrecken ohne Ende [...].

1. August 1914 – Krieg!
Wie ist es möglich? Und doch ist es wahr! [...] Am Bahnhof kommt Zug für Zug, alle 10 Minuten, mit Militär. Und die Begeisterung dabei! Wie viele von diesen mögen gesund nach Hause kommen!

21. März 1916
Die Soldaten sind missmutig – aber auch alle – und sind nahe daran, den Gehorsam zu verweigern. Und erst die Stimmung im Volk! Die ist nicht zu beschreiben. Es ist bald kein Haus, wo nicht ein Angehöriger gefallen ist, und dann die ungeheure Teuerung der Lebensmittel, wir sind von aller Welt abgeschnitten und müssen uns selbst ernähren. Wenn man bei Fett und Butterkauf die Menschenmenge sieht, die sich drängt, dann die Polizisten, die die Ordnung halten, dann weiß man, wie es mit uns steht. Ich glaube sicher, dass unser Herr den Sieg nicht herbeiführen kann [...].

2. Oktober 1914
Jetzt ist schon zwei Monate Krieg, wenn es so weitergeht wie bisher, ist in einem guten Monat alles vorüber [...].

27. April 1917
Seit Weihnachten haben wir vier Eier erhalten, keine Milch, kein Fett. Es herrscht überall Hungersnot [...] Es gibt keine Schuhe mehr. Die Kirchenglocken sind zum Einschmelzen geholt worden. Wie mag das enden?

Neujahr 1915
Bittere Gedanken [...] am ersten Tag des neuen Jahres [...] Wie viele junge, lebensfrohe Menschen mussten [...] ihr Leben lassen und wie viele [...] müssen noch sterben? Es ist ein Hinmorden von tausenden jungen Leuten.

(Aus dem Tagebuch Anna Kohns (1883-1977). Journal für Geschichte, 2 (1980), S. 28 ff.)

1. Schneide die einzelnen Kärtchen aus und lies sie dir genau durch.
2. Bringe die Tagebucheinträge anschließend in eine sinnvolle zeitliche Reihenfolge.
3. Wähle einen Tagebucheintrag aus. Versetze dich in die Situation von Frau Kohns und verfasse einen längeren Eintrag für den Folgetag.
4. Lest euch „eure“ Tagebucheinträge gegenseitig vor und diskutiert, inwiefern diese realistisch sind.

Die Rüstungsindustrie: „Kampf“ an der „Heimatfront“

Millionen Soldaten unter Waffen, Massensterben an der Front, Millionen psychisch und körperlich Verletzte: Angesichts der riesigen Opfer des Krieges sprechen manche Forscher vom Ersten Weltkrieg als „totalem Krieg“. Der Konflikt war für diese Historiker „total“, weil sich die Folgen der Kampfhandlungen auch an der so genannten „Heimatfront“ zeigten. Wirtschaft, Landwirtschaft, Bildung, Rolle der Frau, Familien- und Privatleben: Alle diese Bereiche veränderten sich radikal; alles wurde gnadenlos den Kriegsanstrengungen untergeordnet.

M25 Produktion wichtiger Industriezweige 1913 bis 1918

Industriegruppe	1913	1914	1915	1916	1917	1918
Kriegsindustrien						
Bergbau	100	84	78	86	90	83
Eisen und Stahl	100	78	68	81	83	53
Ne-Metalle*	100	89	72	113	155	234
Private Industrien						
Wohnungsbau	100	68	30	10	4	4
Baustoffe	100	88	69	59	58	35
Handelsschiffe	100	73	65	75	61	42
Gemischte Industrien						
Textilien	100	87	65	27	22	17
Genussmittel	100	92	88	84	67	63
Gesamt	100	83	67	64	62	57

* Nichteisenmetalle wie z. B. Kupfer, Zink oder Bronze

(Nach: Gunther Mai, Das Ende des Kaiserreichs, München 1987, S. 108.)

1. Wähle aus den dargestellten Industriezweigen mindestens drei heraus. Übertrage dann die jeweiligen Produktionszahlen der Jahre 1913 bis 1918 in ein Kurvendiagramm.
2. Interpretiere und bewerte die Zahlen.

M26 Militärische Stärkeverhältnisse 1917

	Mittelmächte	Entente
Soldaten (und Reservisten)	10.610.000	17.312.000
Feldartillerie	14.730	19.465
Schwere Artillerie	9.130	11.476
Maschinengewehre	20.042	67.276
Flugzeuge	1.500	3.163
Lastkraftwagen *	23.000	ca. 100.000
Panzer *	10	800

* Angaben für die Westfront im Frühjahr 1918

(Nach: Roger Chickering, Das Deutsche Reich und der Erste Weltkrieg, München 2002, S. 210, 217.)

1. Interpretiere und bewerte die vorliegenden Zahlen.
2. Überlege, inwiefern Lastwagen eine wichtige Rolle im Ersten Weltkrieg spielten.
3. Die deutsche Militärführung behauptete bis zuletzt, der „deutsche Wille“ mache einen Sieg der Soldaten über die Feinde möglich. Beziehe Stellung.

M27 „Wer nicht arbeitet, soll auch nicht essen“

Aus einem Schreiben des Chefs des Generalstabs an den Preußischen Kriegsminister vom 31. August 1916:

Es gibt ungezählte Tausende von kinderlosen Kriegerfrauen, die nur dem Staat Geld kosten. Ebenso laufen tausende Frauen und Mädchen herum, die nichts tun oder höchst unnützen Berufen nachgehen. Der Grundsatz „Wer nicht arbeitet, soll auch nicht essen“ ist in unserer jetzigen Lage mehr denn je berechtigt, auch den Frauen gegenüber.

(Aus: Erich Ludendorff (Hrsg.), Urkunden der Obersten Heeresleitung über ihre Tätigkeit 1916-1918, Berlin 1920, S. 65-67.)

M28 Britisches Plakat

1. Übersetze die beiden Sätze und beschreibe das Plakat.
2. Überlege, wer – und mit welcher Absicht – das Plakat in Auftrag gegeben hat.
3. Verfasse einen Brief, in dem die abgebildete Frau ihrem Ehemann von ihren ersten Wochen auf der Arbeit (ihren Tätigkeiten, ihren Kollegen/Kolleginnen, den Pausen, der Bezahlung etc.) berichtet.

(Aus: Malcolm Brown, The Imperial War Museum Book of The First World War, London 1993, S. 194.)

M29 Alltag in der Munitionsfabrik

Der Anteil der weiblichen Beschäftigten in der Industrie erhöhte sich bis 1918 auf 34 Prozent (im Vergleich zu 1913: 22 Prozent). Vor allem in den Rüstungsbetrieben arbeiteten viele Frauen. Ein männlicher Kollege berichtet:

Immer war „etwas los“. Besonders in den Nachtschichten. Keine Nacht ohne Zusammenbruch einer oder mehrerer Frauen an den Maschinen, infolge Erschöpfung, Hunger, Krankheit [...] In der Kantine kam es fast täglich zu Schreianfällen von Frauen, manchmal auch zu deprimierenden Schlägereien untereinander, wenn angeblich „die Kelle nicht gefüllt“ war.

(Aus: Volker Ullrich, Die nervöse Großmacht, Frankfurt/M. ^{2}1999, S. 480.)

1. Vergleiche die Quelle M29 mit dem Plakat M28.
2. Beziehe Stellung zur Gestaltung des Plakats M28.
3. Formuliere eine eigene Überschrift für diese Seite.

Hunger

M30 Landwirtschaftliche Produktion 1910 bis 1920 (1913 = 100)

Durchschnitt	Weizen	Roggen	Hafer	Kartoffel	Zuckerrüben
1910-1913	91	92	87	84	86
1914	85	85	93	84	91
1915	83	75	62	100	59
1916	66	73	72	46	55
1917	49	57	38	64	54
1918	50	55	45	46	53
1919	47	50	46	40	31
1920	48	41	50	52	43

(Nach: Gunther Mai, Das Ende des Kaiserreichs, München 1987, S. 112.)

1. Wähle aus den Feldfrüchten bzw. Getreidesorten mindestens zwei heraus. Übertrage dann die Produktionszahlen von 1910 bis 1920 in ein Kurvendiagramm.
2. Interpretiere und bewerte die Zahlen.

M31 Seeblockade und Ernteausfälle

1913 kamen rund 20 % aller im Kaiserreich verbrauchten Nahrungsmittel aus dem Ausland. Mit Beginn des Krieges versiegte diese Quelle: Großbritannien verhängte eine Seeblockade gegen die Mittelmächte. Immer weniger Rohstoffe und Lebensmittel gelangten nach Deutschland. Hinzu kam der kriegsbedingte Rückgang der heimischen agrarischen Produktion: Arbeitskräftemangel, der Mangel an Kunstdünger und die Requirierung von Pferden führten – neben mehreren Missernten – zu einem Sinken der Ernteerträge um ca. ein Drittel.
Die Behörden reagierten und rationierten die Lebensmittelversorgung. Allerdings deckten die offiziellen Zuteilungen lediglich rund die Hälfte des täglichen Kalorienbedarfs ab. Neben den zugeteilten rund 1200 Kalorien konnten sich die Menschen im Schnitt ca. 300 Kalorien über den Schwarzmarkt besorgen. Nach offiziellen Berechnungen verloren die Menschen während des Krieges rund 20 % ihres Körpergewichts.

(Ulrich Schnakenberg, angelehnt an Gunther Mai, Das Ende des Kaiserreichs, München 1987, S. 112 f.)

1. Umkreise zentrale Begriffe und stelle Grund und Folgen des Hungers in einem Schaubild zusammen.

Mögliches Tafelbild

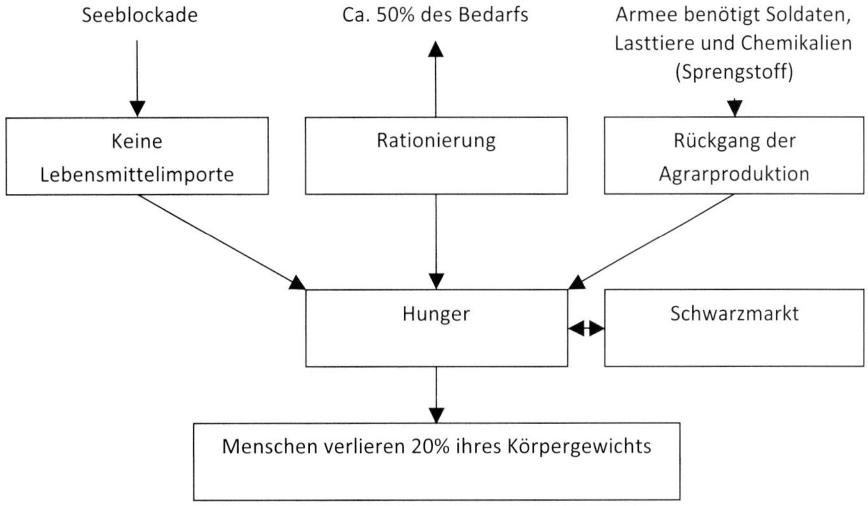

M32 Kriegsküchen – eine billige warme Mahlzeit

In größeren Städten richteten die Behörden öffentlich Kriegsküchen ein, wo Bedürftige eine günstige warme Mahlzeit erstehen konnten. Im Juli 1916 beschwerte sich ein Hamburger schriftlich:

Es wird in letzter Zeit derartig schlecht gekocht, daß man an manchen Tagen diesen Brei mit Ekel und Brechreiz in sich hineinquält. Ist an und für sich der Gang dahin, die Warterei, das Gedränge schon eine Überwindung, so ist dies verabreichte Schweinefutter [...] meist eine Qual, und nur der heiße Hunger vermag es, all diese schlecht zubereiteten Gerichte mit Todesverachtung runterzuwürgen.

(Aus: Volker Ullrich, Die nervöse Großmacht, Frankfurt/M. 21999, S. 476.)

1. Überlege, wie sich die Ernährungssituation auf die Moral der Bevölkerung ausgewirkt haben könnte. Verfasse anschließend einen Dialog zwischen Arbeitern, die nach einem harten Arbeitstag vor einer Kriegsküche auf die Essensausgabe warten.

M33 Britische Karikatur

Die linke Bildunterschrift bedeutet übersetzt „Für die neutralen Staaten. Warum wie Passagierschiffe torpedieren? Weil wir von den schändlichen Engländern ausgehungert werden.“, die rechte „Für die Einheimischen. Wer behauptet, wir seien in Not? Sehen Sie nur, was unsere fabelhafte Organisation leistet!“.

FOR NEUTRALS.

“WHY DO WE TORPEDO PASSENGER SHIPS? BECAUSE WE ARE BEING STARVED BY THE INFAMOUS ENGLISH.”

FOR NATIVES.

“WHO SAYS WE ARE IN DISTRESS? LOOK WHAT OUR SPLENDID ORGANISATION IS DOING!”

(Leonard Raven Hill, in: Punch, 19. Januar 1916)

1. Erläutere die zwei Bilder der Karikatur.
2. Schlage in einem Wörterbuch das Wort „Propaganda“ nach. Erkläre anhand der vorliegenden Karikatur, welche Wirkung staatliche Propaganda beabsichtigt und an wen sie sich wendet.

Alltag für Kinder und Jugendliche

M34 Die Folgen von Mangelernährung

Die schlechte Versorgung mit Nahrungsmitteln hatte besonders schwere Folgen für (Klein)Kinder und Jugendliche:

Trotz der allumfassenden Fürsorge kam es bei den meisten Kindern zu Gesundheitsproblemen, insbesondere ab 1916. Zunächst gingen Wachstum und Körpergewicht seit dem dritten Kriegsjahr derartig zurück, daß viele Kinde nicht eingeschult werden konnten. Trotz besserer Ernährung waren Landkinder dabei insbesondere im Sommer schlimmer dran als Stadtkinder, – die Unterschiede betrugen bei 6 bis 10jährigen Kindern 2,7 kg für Knaben und 2,4 kg für Mädchen – weil sie wegen der schweren körperlichen Arbeit mehr Energie verbrauchten.

Vor allem aber konnte der durch die Unter- bzw. Fehlernährung geschwächte Körper vieler Kinder Krankheiten kaum noch Widerstandskraft entgegensetzen; der Mangel an Seife und ungenügende Wohnverhältnisse begünstigten die Infektionen, außerdem fehlte es an Medikamenten, viele Ärzte waren zum Militärdienst eingezogen. Während Verwurmung, Hautausschläge, Sehschwäche, Kröpfe und Krätze noch vergleichsweise harmlos waren, wirkten sich Tuberkulose, Skrofeln*, Rachitis, Darmerkrankungen und verschiedene Epidemien verheerend aus. Bei Schuluntersuchungen aus den Jahren 1917 und 1918 hatten 11 % der Kinder und 21 % der Schulanfänger Herzfehler (gegenüber 5 % vor dem Krieg), 69 % hatten Skrofeln. 39 % waren rachitisch**.

(Eberhard Demm, Zwischen Propaganda und Sozialfürsorge: Deutschlands Kinder im Krieg, in: ders., Ostpolitik und Propaganda im ersten Weltkrieg, Frankfurt/M. 2002, S. 102 f.)

*Skrofeln: Krankheitsbild, welches sich in Form einer eitrigen Entzündung an Kopf und Hals zeigt.
***rachitisch: Rachitis ist eine Krankheit, bei der aufgrund von unzureichender Aufnahme von Kalzium die Entwicklung der Knochen gestört wird.*

M35 Schulalltag im Krieg

Der amerikanische Historiker Chickering schreibt über den Schullalltag deutscher Kinder und Jugendlicher:
Jungen wurden mit 17 bis 18 Jahren zum Militärdienst eingezogen. Hierauf wurden die Jugendlichen bereits in der Schule durch regelmäßige Militärübungen vorbereitet. Auch sonst fand immer weniger regulärer Unterricht statt: [...] Ende 1915 diente jeder vierte Volksschullehrer in der Armee. Trotz Versuchen, pensionierte Lehrkräfte zurück ins Klassenzimmer zu holen, wurde der Lehrermangel mit dem steigenden Druck der Mobilisierung immer verheerender. In Kombination mit einer eklatanten Raumknappheit resultierte die Verknappung von Lehrpersonal in größeren Klassen und verkürzten Unterrichtszeiten. Der Mangel an Arbeitskräften auf dem Land führte zu einer Verlängerung der Sommerferien sowie der sogenannten Kartoffelferien im Herbst, während der Kohlenmangel die Schulkinder im Winter für lange Zeit aus den ungeheizten Klassenräumen verbannte. Gegen Ende des Krieges besuchten die Kinder in vielen Teilen des Landes nur noch für wenige Stunden in der Woche die Schule.

(Roger Chickering, Das Deutsche Reich und der Erste Weltkrieg, München 2002, S. 151 f.)

M36 Statt lernen: Ersatzstoffe sammeln

Überall in Deutschland mussten Kinder und Jugendliche während des Krieges unter der Anleitung ihrer Lehrer große Mengen Schrott, Abfälle und Wildfrüchte sammeln. Diese Ersatzstoffe wurden dann für die Waffen- und Kleidungsproduktion oder als Nahrungs- und Futtermittel verwendet. Viele Schulen glichen bald riesigen Altwarenlagern.

Die Resultate der Sammeltätigkeit waren eindrucksvoll: So sammelten die Schulen von Schleswig-Holstein im Jahr 1917: 37 546 kg Wildfrüchte, 41 380 kg Vogelbeeren, 46 486 kg Weißdornfrüchte, 13 658 kg Obstkerne, 62 201 kg Eicheln und Bucheckern, 211 425 kg Kastanien, 30 692 kg Brennesseln, 804 505 Stengel und Stecklinge und 64 950 kg Altmaterial.*

(Eberhard Demm, Zwischen Propaganda und Sozialfürsorge: Deutschlands Kinder im Krieg, in: ders., Ostpolitik und Propaganda im ersten Weltkrieg, Frankfurt/M. 2002, S. 86.)
**Aus Brennnesseln stellte man Ersatzbaumwolle her, aus den Obstkernen gewann man Speiseöl.*

1. Verfasse auf Grundlage der Materialien M 34-36 zwei Tagebucheinträge eines Jugendlichen, einen aus dem Herbst 1915 (Erntezeit) und einen aus dem Winter 1916/17.

Wie lange noch? Friedensbemühungen

M37 Friedensresolution des Reichstags

Angesichts der schwierigen Kriegslage, angesichts von Hungersnot und drohender Revolution verständigten sich die gemäßigten Parteien im Reichstag (SPD, Zentrum, Fortschrittliche Volkspartei) im Juli 1917 darauf, zu einem Ausgleich mit dem Feind zu kommen und den Krieg zu beenden. Mit den Stimmen der Mehrheit seiner Mitglieder verabschiedete der Reichstag die so genannte Friedensresolution:

Zur Verteidigung seiner Freiheit und Selbständigkeit, für die Verteidigung seines territorialen Besitzstandes hat Deutschland die Waffen ergriffen.

Der Reichstag erstrebt einen Frieden der Verständigung und der dauernden Versöhnung der Völker. Mit einem solchen Frieden sind erzwungene Gebietserwerbungen und politische, wirtschaftliche oder finanzielle Vergewaltigungen unvereinbar.

Der Reichstag weist auch alle Pläne ab, die auf eine wirtschaftliche Absperrung und Verfeindung der Völker nach dem Kriege ausgehen. Die Freiheit der Meere muß sichergestellt werden. Nur der Wirtschaftsfriede wird einem freundschaftlichen Zusammenleben der Völker den Boden bereiten.

(Friedensresolution des Reichstages vom 19. Juli 1917, Stenographische Berichte über die Verhandlungen des Reichstages, XIII LP, II Sess., Anlagen, 321. Band, S. 1747; abgedruckt in Ernst Rudolf Huber, Dokumente zur deutschen Verfassungsgeschichte. 2 Bände. Stuttgart: Kohlhammer Verlag, 1961, Band 2, S. 471.)

M38 „Siegfrieden statt Hungerfrieden“

Als Reaktion auf die Friedensresolution des Reichstags gründete der ehemalige Marinestaatssekretär Tirpitz im September 1917 mit Gleichgesinnten die „Deutsche Vaterlandspartei“. Zentrales Ziel der Organisation war das Erreichen eines so genannten „Siegfriedens“:

Wen gäbe es, der nicht mit heißem Herzen den Frieden ersehnte! Nervenschwache Friedenskundgebungen verzögern aber nur den Frieden. Unsere, auf die Vernichtung Deutschlands bedachten Feinde erblicken in ihnen nur den Zusammenbruch deutscher Kraft. Und das zu einer Zeit, da wir [...] militärisch günstiger dastehen wie je zuvor. Sichern wir dem Feinde zu, daß für ihn jederzeit ein ehrenvoller Verständigungsfriede zu haben ist, so kann er durch Fortsetzung des Krieges nur gewinnen und nichts verlieren. [...] Wir wollen keinen Hungerfrieden! Um einen Frieden bald zu erreichen, müssen wir nach Hindenburgs Gebot die Nerven behalten. Tragen wir willig Not und Entbehrungen, so wird dem deutschen Volk ein Hindenburg-Frieden zuteil werden, der den Siegespreis ungeheurer Opfer und Anstrengungen heimbringt. Jeder andere Friede bedeutet einen vernichtenden Schlag für unsere Zukunftsentwicklung [...].

(„Aufruf zur Gründung der Deutschen Vaterlands-Partei vom 2. September 1917“, Norddeutsche Allgemeine Zeitung, 12. September 1917. http://germanhistorydocs.ghi-dc.org/docpage.cfm?docpage_id=1795)

1. Umkreise in den Quellen M37 und M38 je zwei bis drei Schlüsselbegriffe bzw. zentrale Aussagen.
2. Lege eine Tabelle an und vergleiche die beiden Quellen.
3. Beurteile die in den Quellen geäußerten Friedensvorstellungen.

M39 Tafelbild: Verständigungsfrieden oder Gewaltfrieden?

• Friedensresolution des Reichstags • Kompromiss • Verständigung • Ausgleich	**Schlagworte**	• „Hindenburg-Frieden“ • „Siegfrieden“
• „Versöhnung der Völker“ • Frieden ohne Gebietsabtretungen • Frieden ohne Reparationen	**Argumente und Forderungen**	• Feinde wollen Deutschlands Vernichtung • Deutschland steht kurz vor Sieg • „Siegespreis“ winkt, • soll „ungeheure Opfer“ belohnen
• Reichstagsmehrheit • USPD • SPD • Zentrum	**Vertreter Parteien**	• Oberste Heeresleitung (Ludendorff) • Deutsche Vaterlandspartei • Konservative
• Arbeiter	**Gruppen**	• Alldeutsche

Die Türkei – Verbündeter des Deutschen Reiches

M40

1. Formuliere zu M40 eine Aussage sowie eine Frage, die du zu den Abbildungen hast.

(Sammlung des Autors)

M41

Im November 1914 war das Osmanische Reich auf Seiten der Mittelmächte in den Ersten Weltkrieg eingetreten. Doch das Land befand sich schon bald mit dem Rücken zur Wand: Anfang 1915 stießen Russen, Briten, Australier und Neuseeländer gegen die Osmanen vor. In dieser Situation kam es im Frühjahr 1915 zu jenen Ereignissen, die wahlweise als „armenische Tragödie", als „Völkermord" oder als „Umsiedlung" bezeichnet wurden: Dem Tod bzw. der Ermordung von ca. 600.000 bis 800.00 Angehörigen der armenischen Minderheit in der Türkei. Die türkische Regierung weigert sich bis heute, den Tod der Armenier als Völkermord anzuerkennen. (Ulrich Schnakenberg)

M42

Die Buchautorin Sibylle Thelen fasst die Ereignisse im Osten des Osmanischen Reiches wie folgt zusammen:

Historikern zufolge begannen die Deportationen aus den armenischen Dörfern Anatoliens auf diese Weise: Erst trommelte die osmanische Gendarmerie die Einwohner zusammen, um sie sodann nach Geschlechtern getrennt wieder auseinanderzutreiben. Sie tötete die Väter und die Söhne, oft sofort, oft sogar vor den Augen der Angehörigen, und schickte die Frauen, Kinder und Greise auf den Todesmarsch. Nur wenige Aufseher begleiteten den Treck der Traumatisierten. Sie führten sie durch einsame, unwegsame Landschaften, versorgten sie meist weder mit Nahrung noch boten sie ihnen Schutz vor plündernden und massakrierenden Banden, ließen die Toten am Wegesrand liegen. Viele Armenier starben auf diesen Märschen von Anatolien gen Süden vor Hunger und Durst, aus Erschöpfung und an Epidemien – oder kamen durch Gewalt um. (Sibylle Thelen, Die Armenierfrage in der Türkei, Berlin 2010, S. 14 f.)

M43

Die türkische Historikerin Berna Türkdogan Uysal schreibt über die Ereignisse im Frühjahr 1915:

Die armenischen Aufständischen nutzten die schwierige Kriegslage des Osmanischen Reiches aus. Während die osmanische Armee an zahlreichen Fronten gegen mehrere europäische Großmächte kämpfte, [...] nahmen die Aufstände weiter zu. Sie zwangen die Regierung des Osmanischen Reiches in der Folge zu extremen Maßnahmen. Innenminister Talat Pascha warnte die armenischen Führer, dass, wenn diese weiterhin mit dem Feind zusammenarbeiten würden, notwendige Maßnahmen ergriffen werden würden. Gleichwohl setzten einige Armenier ihren Verrat fort und kooperierten weiter mit den Russen. [...] Daraufhin erließ das osmanische Kabinett am 30. Mai 1915 einen Erlass, welcher die Umsiedlung der Armenier aus den Kriegsgebieten vorsah. Dieser Erlass sah dabei die Versorgung der Deportierten mit Unterkünften und Nahrung sowie den Schutz ihrer Besitztümer vor.
(Berna Türkdogan Uysal, The Displacement, Turkish-Armenian Relations since 1915, Istanbul 2009, S. 97 ff. Gekürzt und übersetzt von Ulrich Schnakenberg.)

1. Vergleiche die Grenzen des Osmanischen Reiches mit den Grenzen der heutigen Türkei (Karte M22).
2. Vergleiche die Materialien M42 und M43 hinsichtlich Sprache und Aussage.
3. Die armenische Tragödie: „Völkermord" oder „Umsiedlung"? Beziehe Stellung.

Zusammenbruch

M44 „Die rastlos stürmenden deutschen Helden“

In einem im letzten Kriegsjahr erschienenen Schulbuch ist über die deutsche „Michael-Offensive“ vom März 1918 zu lesen:

[I]n den nächsten Tagen [flutete] über die französischen Gefilde eine Riesen-Angriffswoge dahin, wie die Welt sie nie zuvor gesehen. Sie fegte alle Widerstände hinweg; nirgends kam der Feind zum Stehen. [...] In zwei Tagen hatten die rastlos stürmenden deutschen Helden ein Gebiet zurückgewonnen, zu dessen Eroberung die Engländer und Franzosen 1916 acht Monate gebraucht hatten, obgleich sie damals an Zahl und Ausrüstung weit überlegen waren! [...] Wahrlich: „Wann waren Männer je gleich diesen!“ Solange die Welt steht, wird die Menschheit staunend von dieser Großtat der Kriegsgeschichte sagen! Wer kann die Fülle der dem deutschen Volk innewohnende Kraft ermessen, das nach 3 ½jährigem Krieg noch Heere in den Kampf schicken konnte, vor deren gigantischen Erfolgen alles zurücktritt, was die Geschichte an kriegerischen Leistungen zu berichten weiß.

(Heinrich Harms, Kurze Übersicht über den Verlauf des Krieges, Leipzig 1918, S. 42.)

M45 Das letzte Kriegsjahr

29. September	Die OHL fordert von der Reichsregierung die Aufnahme von Waffenstillstandsverhandlungen.
3. März	Unterzeichnung des Friedens von Brest-Litowsk: Russland tritt Polen, die baltischen Staaten, Finnland und die Ukraine ab.
9. November	Abdankung Wilhelms II.: Ausrufung der Republik durch Philipp Scheidemann und kurz darauf („Sozialistische Republik“) durch Karl Liebknecht in Berlin. Friedrich Ebert (SPD) wird einen Tag später Vorsitzender des Rates der Volksbeauftragten.
3. November	Matrosenaufstand in Kiel: Arbeiter- und Soldatenräte übernehmen die Macht (4.11.). Waffenstillstand zwischen Österreich-Ungarn und der Entente.
21. März	Beginn der dt. Frühjahrsoffensiven an der Westfront (nachdem durch den Frieden von Brest-Litowsk im Osten Truppen frei geworden waren).
5.-8. November	Ausbreitung der revolutionären Bewegungen von Kiel aus auf ganz Deutschland. Zentrales Ziel der Revolutionäre: Die sofortige Beendigung des Krieges.
18. Juli	Nachdem alle deutschen Angriffe gescheitert waren: Beginn der alliierten Gegenoffensiven, die zu schweren Verlusten führten. Nun erkannte auch die OHL: Der Krieg war nicht mehr zu gewinnen.
3. Oktober	Nach dem Rücktritt von Graf Hertling (30.9.) wird Prinz Max von Baden zum Reichskanzler ernannt: Bildung einer parlamentarischen Regierung*. Max von Baden ersucht die Alliierten um einen Waffenstillstand auf der Grundlage der Vierzehn Punkte (4./5.10.).
11. November	Der Reichstagsabgeordnete Matthias Erzberger (Zentrum) unterzeichnet für das Deutsche Reich den Waffenstillstandsvertrag mit den Alliierten. Dies sollten Militärs und Nationalisten später als „Verrat“ und „Dolchstoß“ bezeichnen.

*Parlamentarisierung: Mit dieser radikalen Reform lag die Macht nicht mehr beim Kaiser, sondern beim demokratisch gewählten Reichstag.
(Ulrich Schnakenberg nach Hirschfeld, Hirschfeld, G. (Hrsg.): Enzyklopädie Erster Weltkrieg, Paderborn ²2004.)

1. Untersuche den Schulbuchauszug M44 mit Hinblick auf die dort verwendete Sprache. Unterstreiche/umkreise hierzu auffällige Wörter und Sätze.
2. Schneide die Ereigniskarten M45 aus und bringe sie in eine logische Reihenfolge.
3. Beziehe Stellung zu Sprache und Inhalt der Quelle M44. Vergleiche dabei auch mit den tatsächlichen Ereignissen (M45).

Das Deutsche Reich als Alleinschuldiger am Weltkrieg? – Streit um die Kriegsschuldfrage

M46 „[...] für alle Verluste und Schäden verantwortlich“

In den Artikel 231 des Versailler Friedensvertrages vom Juni 1919 fand folgender Satz Eingang:

„[...] Deutschland erkennt an, daß Deutschland und seine Verbündeten als Urheber für alle Verluste und Schäden verantwortlich sind, die die [A]lliierten [...] infolge des ihnen durch den Angriff Deutschlands und seiner Verbündeten aufgezwungenen Krieges erlitten haben.“

M47 Die Kriegsschuldfrage aus der Sicht der Forschung

Der Historiker Sönke Neitzel schrieb im Jahr 2002 zur so genannten Kriegsschuldfrage:

1959 trat [...] der Hamburger Historiker Fritz Fischer erstmals mit aufsehenerregenden Thesen an die Öffentlichkeit. Er bestritt vehement, dass die Regierungen in den Krieg hineingeschlittert seien. Vielmehr sei davon auszugehen, dass Deutschland die Hauptschuld an der Katastrophe treffe und Berlin spätestens seit Dezember 1912 gezielt auf die Provokation eines Krieges im Sommer 1914 hingearbeitet habe, um die Hegemonie über Europa zu erkämpfen. [...] Fischer stellt somit die Kriegszielpolitik des Reiches in eine Kontinuitätslinie mit den Plänen Hitlers und sah den Reichskanzler Bethmann Hollweg als den Hitler des Jahres 1914. [...] Mittlerweile ist unstrittig, dass das Deutsche Reich bewusst das Risiko eines Krieges eingegangen ist und ihm ein großer Teil der Schuld am Kriegsausbruch zukommt. Neuere Forschungen haben allerdings darauf hingewiesen, dass die Verantwortung Österreich-Ungarns nicht minder schwer wiegt. Man sollte heute somit davon sprechen, dass dem Zweibund die Hauptschuld am Krieg zukommt, ohne dabei die Verantwortung der Triple-Entente, und hier insbesondere Russlands, außer Acht zu lassen. Zudem gilt es sorgfältig zwischen den Ereignissen der Juli-Krise, die dann zum Ausbruch des Krieges führte, und den langfristigen Ursachen wie dem Hochimperialismus oder der Veränderung der Staatenkonstellation um 1900 zu unterscheiden. In dem letzten Punkt haben neuere Forschungen insbesondere die Rolle Großbritanniens kritisch hervorgehoben.
Bei aller Verantwortung [der deutschen Führung] ist darauf hinzuweisen, dass es keine Kontinuitätslinien von Bethmann Hollweg zu Hitler gibt, wie Fischer sie einst gezogen hat. Im Juli 1914 provozierte die Reichsleitung aus einer defensiven Grundhaltung heraus einen Krieg, der die ständige Gefahr der feindlichen Koalition beseitigen sollte. Wie dies mittel- und langfristig zu geschehen habe, darüber lagen noch keine Konzepte vor – Fischer und seine Schüler haben trotz intensiver Bemühungen keine Kriegszielvorstellungen aus der Zeit vor August 1914 nachweisen können. Im Ersten Weltkrieg wurde die Reichsleitung angesichts des angenommenen siegreichen Ausgangs des Krieges konkreter und plante großzügig die Veränderung der europäischen Landkarte – ein Phänomen, das sich in anderen Ländern ebenso beobachten ließ. Gewiss, nun ging es darum, eine kontinentale Hegemonialstellung abzusichern, dies jedoch nicht, um Weltherrschaftsplänen näher zu kommen, sondern um sich von dem Trauma [...] ein für alle Mal befreien und dem eigenen Land wieder größeren Handlungsspielraum in der Weltpolitik zu verschaffen, Demgegenüber hatte Hitler etwas vollkommen anderes vor. Er wollte die bestehende Staatenordnung völlig umwälzen, er übertraf mit der Verwirklichung seines Rassegedankens selbst die vermessensten Träume der wilhelminischen Reichsleitung.

(Sönke Neitzel, Kriegsausbruch. Deutschlands Weg in die Katastrophe, Zürich 2002, S. 7.)

1. Überlege, warum sich zahlreiche Deutsche aus allen politischen Lagern über den Artikel 231 sehr erzürnt zeigten.
2. Forme M47 in ein Interview um, indem du dir mindestens fünf (kritische) Fragen an den Historiker Neitzel überlegst.
3. Führe dein Interview anschließend in Partnerarbeit durch bzw. lasse dich von einem Mitschüler interviewen.
4. Erörtert, inwiefern ihr die Formulierung des Artikels 231 des Versailler Friedensvertrages für gerechtfertigt haltet.

Literatur

Fachliteratur

Berghahn, Volker, Der Erste Weltkrieg, München 2003.

Clark, Cristopher, Die Schlafwandler. Wie Europa in den Ersten Weltkrieg zog. München 2013.

Chickering, Roger, Das Deutsche Reich und der Erste Weltkrieg, München 2002.

Demm, Eberhard, Ostpolitik und Propaganda im Ersten Weltkrieg, Frankfurt/M. 2002.

Epkenhans, Michael, Neuere Forschungen zur Geschichte des Ersten Weltkrieges, in: Archiv für Sozialgeschichte 38 (1998), S. 458-487.

Grevelhörster, Ludger, Das Ende des Kaiserreiches und der Erste Weltkrieg. Geschichte und Wirkung, Münster 2004.

Hirschfeld, Gerhard (Hrsg.), Enzyklopädie Erster Weltkrieg, Paderborn ^{2}2004.

Keegan, John, The First World War, London 1998.

Kielmannsegg, Peter Graf, Deutschland und der Erste Weltkrieg, Frankfurt/M. ^{2}1980.

Mommsen, Wolfgang J., Der Erste Weltkrieg, Frankfurt/M. 2004.

Müller, Sven Oliver, The Never Ending Story. The Unbroken Fascination of the History of the First World War, in: German Historical Institute London, Bulletin 25 (2003), S. 22-55.

Neitzel, Sönke, Blut und Eisen. Deutschland und der Erste Weltkrieg, Zürich 2003.

Neitzel, Sönke, Kriegsausbruch. Deutschlands Weg in die Katastrophe, Zürich 2002.

Neitzel, Sönke, Weltkrieg und Revolution, 1914-1918/19, Bonn 2011.

Salewski, Michael, Der Erste Weltkrieg, Paderborn 2003.

Strachan, Hew, The First World War, London 2003.

Stupperich, Martin, Deutschlands Mitverantwortung am Völkermord an den Armeniern, gfh 3/2013, S. 44-57.

Wehler, Hans-Ulrich, Deutsche Gesellschaftsgeschichte. Vom Beginn des Ersten Weltkriegs bis zur Gründung der beiden deutschen Staaten, 1914-1949, Bonn 2009.

Didaktische Literatur

Geschichte Lernen, Erster Weltkrieg, Bd. 108; 1917/1918 (2014, in Vorbereitung)

Meier, Klaus-Ulrich, Arbeit mit Geschichtstexten in Hauptschulklassen, in: Geschichte lernen, Lesekompetenz im Geschichtsunterricht, Bd. 148 (2012), S. 48-54.

Pandel, Hans-Jürgen, Quelleninterpretation. Die schriftliche Quelle im Geschichtsunterricht, Schwalbach/Ts. 2000.

Pandel, Hans-Jürgen, Die Wiedergewinnung von Sinn und Sinnlichkeit. Geschichtsdidaktische Konsequenzen aus PISA in zehn Thesen, in: Informationen für den Geschichts- und Gemeinschaftskundelehrer 65 (2003), S. 61-69.

Pandel, Hans-Jürgen, Geschichtsdidaktik. Eine Theorie für die Praxis, Schwalbach/Ts. 2013.

Praxis Geschichte, Erster Weltkrieg, Bd. 3/1995; Epochenjahr 1917, Bd. 1/2007.

Schnakenberg, Ulrich, Die Karikatur im Geschichtsunterricht, Schwalbach/Ts. 2012.

Schnakenberg, Ulrich, Geschichte in Karikaturen II. Deutschland und die Welt, 1900 bis 1945, Schwalbach/Ts. 2013.

Schnakenberg, Ulrich, Ist der nächste Krieg schon vorprogrammiert? – Der Versailler Vertrag in zeitgenössischen Zeitungsartikeln und Karikaturen, in: www.lehrer-online.de (http://www.lehrer-online.de/versailler-vertrag.php)